Zwingli?

Monolog über den Schweizer Reformator

Dr. Stephan Johanus

Herstellung und Verlag: BoD – Books on Demand, Norderstedt
ISBN: 9783758382543

Du bist Gottes Werkzeug.
Er verlangt deinen Dienst, nicht deine
Ruhe. Tu um Gottes willen etwas
Tapferes!

Ulrich Zwingli

Inhalt

1 Vorwort

Über Luther weiß man ja so einiges. Den Namen Calvin hat man auch schon einmal gehört. Aber was, bitte schön, wollte eigentlich Zwingli?

Dieser Monolog über den Schweizer Reformator wurde am 30. Juni 2023 in der reformierten Kirche Richterswil am schönen Zürcher See im Rahmen von „Musik & Wort" gehalten. Auch wenn nur eine kleine Schar zugegen war, ist die Resonanz doch so intensiv gewesen, dass ich mich gewogen sah, meine Worte über den Zürcher Reformator doch noch auf andere Weise vorzulegen. Versehen mit einigen Nachweisen und Literaturhinweisen, könnte es auch zur weiteren Lektüre über Zwingli anregen. Gibt es doch im Vergleich zu Luther und Calvin nur eine überschaubare Rezeption des Toggenburger Wortverfechters.

Es möge den Christenmenschen in der Schweiz und darüber hinaus allen Menschen zum Segen gereichen.

Pfr. Dr. Stephan Johanus

Au (ZH), den 1. August 2023

2 Es geht um die Wurst

Am Anfang ging es um die Wurst. Aber man sagt, dass dies auch nur *ein* Startschuss der Reformation in der Schweiz gewesen ist. Es begann mit einem Skandal. Aber am 9. März 1522 wurden eigentlich nur zwei kleine Würstli beim Buchdrucker Christoph Froschauer verschmatzt. Und Zwingli war zwar dabei, hatte aber gar nicht mitgeschmaust. Das Fleischessen mitten in der katholischen Fastenzeit war zwar kirchenpolitisch gesehen ein Skandal, eine Provokation sondergleichen, aber Zwingli hielt sich eigentlich charmant von der Tafel auf Distanz. Es war wohl auch mehr eine Art Feier des Abendmahls, nur mit ein paar Fleischhappen, zwei kleine Würstchen in Stücke geschnitten. Zwingli lieferte mit seiner Anwesenheit sozusagen eine Art theologischer Legitimation. Die mündliche wie schriftliche Ausfertigung dieser Verteidigung in Form einer Rede folgte dann auch zugleich auf den Fuß. Aber eigentlich war es auch nur *ein* symbolischer Auftakt, und ein gemeinschaftliches Treiben, wie so oft in der Schweizer Reformation.

Ein Christ sei frei, eben, zu fasten oder nicht! Ein Christ kann, aber muss nicht den Geboten der Kirche gehorchen in diesen Dingen. Er soll sich aber allein an die Heilige Schrift halten. An die Satzungen der Kirche sei er nicht unbedingt gebunden, war die Meinung Zwinglis. Aber wann nun die Schweizer Reformation genau begann, wird unterschiedlich beurteilt. Im Allgemeinen nimmt man den 2. Januar 1519 an, als Zwingli bei seinem Dienstantritt am Grossmünster in Zürich zugleich mit der Evangelischen Predigt startete als sogenannte „lectio continua", einer fortlaufenden Auslegung der Bibel, vom Anfang des Neuen

Testaments an, das ganze Matthäusevangelium, dann die Apostelgeschichte, der 1. Timotheusbrief, der Galaterbrief, 2. Timotheusbrief, 1. und 2. Petrusbrief. Im Jahr 1522 folgte der Hebräerbrief, dann Lukas, und 1525 war Zwingli mit allen Büchern des Neuen Testaments durch. Anschließend begann er wieder von vorn, diesmal aber mit dem Alten Testament 1. Buch.[1]

Leider sind uns von Zwinglis Predigten nur acht Exemplare erhalten. Zwingli predigte immer frei.

---

[1] Walther Köhler: Huldrych Zwingli, Stuttgart 1952, 52.

Die Schweizer Reformation begann also nicht mit einem Hammerschlag, wie in Wittenberg, sondern gleichsam schleichend, quasi eidgenössisch-diplomatisch, und war mehr noch als ein Gemeinschaftswerk zu verstehen, im Vergleich mit Wittenberg, sowohl was die Bibelübersetzung (Zürcher Bibel) anbelangte, als auch was das gemeinschaftliche Wurstessen betraf, auch was die Reformen des Gottesdienstes anbelangte. Man ging bei allem Schritt für Schritt vor. Zudem war die Reformation in der Schweiz als Erneuerung im Grunde eine „Bekehrung" zum Humanismus, wie eine noch schärfere Absage an die kirchliche Hierarchie als in Wittenberg, als auch eine theologische Intervention ins Politische, was den Abverkauf von eidgenössischen Söldnern an fremdländische Mächte betraf. Im Ganzen also richtig schön schweizerisch-diplomatisch, Stück für Stück, so wie beim Wurstessern. Die Experten und Interpreten der kirchengeschichtlichen Ereignisse fragen sich manchmal, ob Zwingli die Reformation mit Zürich gemacht hatte, oder die Stadt Zürich mit Zwingli.[2]

---

[2] Zwinglianische Gesellschaft Wildhaus-Alt St. Johann (Hrsg.): Huldrych Zwingli - Weg und Wirken 1884-1531, Toggenburg 2017.

3 Nicht aus schlechtem Hause

Zwingli war aus gutem Hause. So schlecht ist es ihm nicht ergangen in Wildhaus, im Toggernburg. 1484 war er dort geboren, übrigens gleichen Alters wie Martin Luther. Seine Eltern waren zwar Bauern, aber dafür freie Bauern. Ein eigenes Haus konnten sie sich schon leisten und studieren konnte Ulrich gleich auch noch, erst Lateinschule in Basel, dann Bern und Wien, vielleicht sogar Paris. Wer konnte sich das damals schon leisten? 1506 war er dann Pfarrer in Glarus. Seine erste Predigt hielt er hier quer über den Zürichsee geblickt in Rapperswil. Nach Richterswil kommt uns deshalb so manches zwinglianische Seedüftchen zugute, auch das Flair seiner späteren pfarramtlichen Tätigkeit als Leutpriester am Kloster Einsiedeln ist uns ja nahe. Dort war er als „Leutpriester" unterwegs, also hauptsächlich als Seelsorger für die einfachen Menschen.

Ein Christ sei ein freier Mensch, hieß es bei Zwingli dann auch. Aber war er wirklich so frei? Hat er sich nicht viel um den Stadtrat bemüht? Auch die Messe wurde nicht gleich und radikal abgeschafft, sondern immer schön der Reihe nach, eben mit ein wenig Schweizer Diplomatie. Dann aber schließlich doch ganz radikal, wenn es alle anderen auch mit ertragen konnten, naja, vielleicht nicht alle. So findet man heute in den reformierten Kirchen zwinglianischer Prägung kaum mehr Bilder, kein Kreuz, oftmals auch keinen Altar, alles ausgeräumt.

Auch die Musik ließ er aus dem Gotteshaus verbannen, nicht weil sie ihm nicht gefiel, er war ja selbst ein hervorragender Musiker und spielte mehrere Instrumente, nein, weil er offensichtlich dem Wort nichts anderes entgegenstellen wollte. Nichts sollte ablenken, nichts sollte höher und größer geachtet werden als das Wort Gottes. Alles aber, was der Ablenkung hätte dienlich sein können, war er bereit zu opfern. Gottesdienst war Wort-Gottesdienst, hören und aufnehmen der göttlichen Offenbarung und handeln danach. Die Schweizer Reformation war ganz Zuwendung zum göttlichen Wort mit kräftiger ethischer Schlagseite, was ihr zugutekam, aber auch nicht immer konsequent umgesetzt wurde.

Zwingli, war zwar radikal in seiner Methode und doch auch diplomatisch, wenn man es taktisch beurteilt.

4 Widersinniger Krieg

Mit dem Wurstessen war sozusagen nur indirekt die Reformation eingeleitet worden, aber dann doch gemeinschaftlich. Dieser Startschuss war ein Schuss vor den Bug, wenn auch, was Zwingli anbelangte, noch in diplomatischem Korsett. Und so ging es dann auch weiter. Die Reformation wurde immer schön in Absprache mit dem Rat der Stadt Zürich durchgeführt. So blieb dem Schweizer Reformator auch eine Verbannung, wie bei Luther, oder gar der Scheiterhaufen, wie bei Johannes Hus, erspart. Und doch wusste er dann mit den Täufern nichts wirklich anzufangen. Sein konservativ-ordnungsliebendes Denken im Blick auf die Kirche machte auch bei der Reformation nicht halt, und so musste so mancher Täufer in der Limat ersäufet werden. Zu nennen ist hier der Täufermissionar Felix Manz (1527). Bis 1532 waren es noch vier weitere

Hinrichtungen.[3] Auch hier schritt der Stadtrat ein, doch wohl mit der Billigung des Schweizer Reformators. *Zwingli, mal ganz ehrlich, das ging zu weit!*

Trotz allem manchmal scheinbarem diplomatischen Geschick konnte und

---

[3] Tilman Hachfeld: Reformation anders, Norderstedt 2017, 51.

wollte sich Zwingli aus der Politik doch nicht heraushalten. Schon früh hatte er aus eigener Anschauung die Sinnlosigkeit des Krieges erfahren. Als Feldprediger hatte er gesehen, wie sich die eidgenössischen Söldner für gutes Geld haben abschlachten lassen, sogar manchmal gegenseitig, hüben wie drüben, vertreten in verschiedenen Heeren, angeheuert von verschiedenen Herrschern und Feldherren, hatten sich die Eidgenossen sozusagen selbst eins auf die Mütze gegeben. Was für ein Widersinn! Damit sollte dann Schluss sein.

Deine Reformation, Zwingli, hatte durchaus eine klare politische Botschaft. War es nicht so?

Und heute? Heute sollen wir uns als reformierte Prediger doch bitte schön aus dem politischen Alltagsgeschäft heraushalten. Ei, wo bleibt denn da die Tradition?

5 Heiliges Wort

Mit der Heiligen Schrift meinte es Zwingli wirklich ernst. Obwohl er eigentlich im gewissen Sinne theologisch auch ein Konservativer war, ein Anhänger und Schüler der sogenannten „via antiqua", des alten Weges, der den Glauben in Harmonie und Eintracht mit der Vernuft sah. Das war Luthers Sache nicht. Luther war eher ein Verfechter des neuen Weges, der „via moderna", in dem sich Glaube und Vernunft oft auch widersprechen konnten. Kein Wunder, dass sie später in Marburg so schädlich aneinander geratet waren beim Gespräch über das Abendmahl. Für Zwingli waren die alten griechischen und römischen Philosophen, die weisen Männer der Antike, die einfach nur wussten, den Verstand zu gebrauchen, beinahe schon Christen.

Du sahst sie schon im siebenten Himmel, nur weil sie vernünftig waren!

Aristoteles und die mittelalterliche Scholastik mit Thomas von Aquin waren ihm alle sehr recht. Soviel mehr dann auch der niederländische Humanist Erasmus von Rotterdam, ein theologischer Gegenpol und Erzfeind von Luther, von dem er das alles gelernt hatte, aber nicht nur von ihm. Die Reformation in der Schweiz war, wie schon erwähnt, eine gemeinschaftliche „Bekehrung" zum Humanismus, quasi eine Entmythologisierung mittelalterlich-katholischen Aberglaubens, eine Zurückweisung von Irrationalität und Wunderglauben. Den Erasmus hätte Zwingli fast umarmen können, so wichtig war er ihm. Schließlich hatte er auch die Textgrundlage für das griechische Neue Testament zur Verfügung gestellt. *„Ad Fontes!", hieß es dann, ja, zurück oder hin zu den Quellen sowohl bei dir, als auch bei Luther auf der Wartburg.* Obwohl auch Luther viel durch den

Humanismus des Erasmus gelernt hatte, aber die Vernunft, das war für Luther „die Hure Vernunft", die sich eigenbrödlerisch alles Mögliche und Unmögliche ausdachte, was sie wollte. Doch der Glaube war für Luther immer höher als alle menschliche Vernunft.

Aber so ganz konsequent war dann Zwingli auch nicht. In manchen Schriften hat man fast das Gefühl, er hätte darin Luther auch Recht gegeben. Und im Blick auf die Heilige Schrift widersprach Zwingli so manches Mal dem Erasmus.

Auf Luther hielt er eigentlich große Stücke. Sogar seine

Bibelübersetzung hatte er gebraucht, als es in Zürich zur eigenen Verdeutschung der Bibel kam, jetzt aber für den eidgenössischen Leser.

Zwinglis Liebe und Wertschätzung der Heiligen Schrift stand, im Vergleich zu Luther, in nichts nach. Die Paulusbriefe kannte er alle auswendig (!) und zwar auf Griechisch (!), wie wir wissen, den griechischen „Urtext" also. Was für ein biblischer Denker! Und seine Bibelübersetzung war im Unterschied zu Luthers Verdeutschung eben mehr eine Gemeinschaftsproduktion, wie schon erwähnt, deshalb heißt sie auch bis heute nicht Zwingli-Bibel, sondern Zürcher Bibel. Eine kleine Gruppe von Fachtheologen hatte daran mitgearbeitet. So sehen wir bei Zwingli und der Reformation erneut einen Gemeinschaftsgeist am Werk und viel Diplomatie, allerdings auch so manches Ungeschick und Versagen.

6 Kein schöner Tod

Unglücklich war Zwinglis Stellung zu den Täufern, wie schon erwähnt, was wir glücklicherweise heute schon revidiert haben. Ja, wir wollen die Schattenseiten der Schweizer Reformation nicht verdrängen.

Und dann das Ende Zwingli? Warum?

Er war doch so gegen den Söldnerdienst, das sogenannte Reislaufen, gewesen. Schon hatte er den Pazifismus eines Erasmus getrunken und dann zieht er doch gegen die Innerschweizer im II.

Kappeler Krieg (1531) mit in die Schlacht.

Sie umstellen ihn, ermorden ihn. Er wurde gevierteilt und seinen Leichnam hatten sie verbrannt, wie als Ketzer hatten sie ihn behandelt. Schrecklich! *Zwingli, du starbst viel zu früh!*

Doch möchte ich ihn noch einmal selbst zu Wort kommen lassen, durch sein theologisches Schaffen, denn große Schätze hat er der Schweiz hinterlassen. Es liegt nur an jedem einzelnen Eidgenossen, diese auch zu heben.

7 Gott in dir

„Anbetung", sagt er, sei eine Herzensangelegenheit:

„Denn man lernt richtig beten, wo man mit dem Herzen und nicht allein mit dem Mund betet. Dies allein ist das wahre Gebet. (vgl. Joh 4, 24) Das Gebet nur mit dem Mund ist nichts als Verspottung und Verachtung Gottes (vgl. Mt 15, 8)"[4]

Die Worte können also mit dabei sein. Es ist aber nicht zwingend notwendig. Die Worte gehören zum Äußeren, betont Zwingli. Allem rein Äußerlichen schien Zwingli

---

4 Huldrych Zwingli, Schriften II, Zürich 1995, 264.

spinnefeind zu sein, denn es stand für ihn für eine Scheinreligion, für einen Glauben, der nicht hilft.

Um zur reinen Andacht und zum Gebet zu finden, ist es notwendig, die Stille aufzusuchen, sich zurückzuziehen:

„So hören wir, dass das Gebet nichts anderes ist als ein beständiges Anhangen unserer Seele an Gott, ein unermüdliches Angehen Gottes in der Wahrheit, indem wir ihn für das wahre, ja das einzige Gut halten, das uns helfen kann; und wir dürfen sicher sein, dass er uns die Hilfe auch gewährt."[5]

____

[5] Huldrychi Zwingli, Schriften II, 267.

Zwingli empfahl fürs Gebet, die Leute zu meiden, damit das Gebet kein äußeres Werk, sondern eine innere Konzentration auf Gott werde, „denn wenn sich die menschliche Seele wirklich mit Gott unterhalten will, so ist sie lieber allein."[6]

„Aber Worte, für die das Herz nicht schlägt, sind nichtig."[7]

Die Worte des Gebets müssen also an das Herz gebunden sein, sonst nützen sie nichts und werden sonst auch nicht beantwortet. Aber aufrichtige Worte des inneren Gebets

---

[6] Ebenda.

[7] Ebenda, 268.

kann der Mensch alleszeit sprechen, auch im Alltag. Deshalb kann Zwingli behaupten, dass die Herzen und Seelen gläubiger Menschen immer bei Gott sind.

8 Gebet[8]

Himmlischer Vater, dass du uns segnest mit einem so reichen Erbe, das erfüllt uns mit Ehrfurcht und Dank. Nicht dass hier schon alles vollendet gewesen wäre, aber einen Anfang hast du uns gesetzt durch die Geschichte Zwinglis, dass wir etwas aufnehmen und annehmen können von der Fülle der Weisheit in der Suche nach Wahrheit, Gerechtigkeit und Frieden. So gib, dass dieser Schatz nicht verloren geht, sondern dass wir ihn bewahren und prächtig davon profitieren im Glauben zu

---

8 Vom Verfasser

wachsen zu allem guten Werk, das du durch uns bewirken möchtest.

In Jesu Namen. Amen.

9 Literaturverzeichnis

GESTRICH, Christof: Zwingli als Theologe, Zürich/Stuttgart 1967.

FREUDENBERG, Matthias und Achim Detmers (Hrsg.): Die andere Reformation, Solingen 2020.

JEHLE, Marianne und Frank: Kleine St. Galler Reformationsgeschichte, Zürich, 3. Aufl., 2006.

KÖHLER, Walther: Huldrych Zwingli, Leipzig, 2. Aufl., 1952.

LUTZ, Samuel: Ulrich Zwinglis Spiritualität, Zürich 2018.

McCULLOCH, Diarmaid: Die Reformation, München 2003.

NEUENSCHWANDER, Rene: Die Reformatoren, Romanel-sur-Lausanne, 2. Aufl., 2016.

OPITZ, Peter: Ulrich Zwingli, Zürich 2015.

PFISTER, Rudolf: Kirchengeschichte der Schweiz (Bd. 2), Zürich 1974.

RUEB, Franz: Zwingli, Baden 2016.

SIGRIST, Christoph (Hrsg.): Die Zürcher Bibel von 1531, Zürich 2011.

STICKELBERGER, Emanuel: Zwingli, Frauenfeld 1949.

STOCKMEYER, Karl: Bilder aus der Schweizerischen Reformations-Geschichte, Basel 1917.

STRERATH-BOLZ, Ulrike: Ulrich Zwingli, Berlin 2013.

TINSLER, S.: Ulrich: Zwingli, Zürich, 1883.
WIDMER, Sigmund: Zwingli, Zürich 1984.

ZIEGLER, Albert: Zwingli - katholisch gesehen, ökumenisch befragt, Zürich 1984.

Der Autor:

Pfr. Dr. Stephan Johanus

Dipl. theol. (Humboldt-Universität Berlin), Dr. theol. (Universität Heidelberg), Pfarrer der reformierten Kirche des Kantos Zürich.

Veröffentlichungen: **Unterwegs** - Predigten zur Apostelgeschichte (Bd. 1 und 2), Norderstedt 2020/2021; **Schaut die Lilien** (Kontextpredigten), Saarbrücken 2011; **Kultur, Mission und Ästhetik** - die Missionstheologie TAKENAKA Masaos, Saarbrücken 2016; **Bruder und Freund**, Saarbrücken 2017; **1 % - Phänomene japanischen Christentums**, Norderstedt 2023.